LIBRO DE COCINA FREIDORA MEDITERRÁNEA

50 RECETAS SIMPLES Y DELICIOSAS, BAJAS EN CALORÍAS PARA LA FREIDORA.

Erin Hubbell

Contenido

Calzones Reuben

Tiempo de preparación: 15 minutos

Tiempo de cocción: 10 minutos

Porciones: de 2 a 4 personas

Ingredientes:

1 tubo (13,8 onzas) de masa de pizza refrigerada

4 rebanadas de queso suizo

1 taza de chucrut, enjuagado y bien escurrido

1/2 libra de carne en conserva cocida en rodajas

Aderezo de ensalada Mil Islas

Instrucciones de cocción:

Precalentar la freidora a 400ºF y rociar la cesta de la freidora con spray de cocina. En una superficie ligeramente enharinada, desenrolla la masa de la corteza de la pizza y aplícala en un cuadrado de 12 pulgadas.

Corta en 4 cuadrados. Coloca una rebanada de queso y una cuarta parte del chucrut y de la carne en conserva en diagonal sobre la mitad de cada cuadrado hasta que quede a ½ pulgada de los bordes.

Dobla una esquina sobre el relleno hasta la esquina opuesta, formando un triángulo; presiona los bordes con un tenedor para sellarlos. Coloca 2 calzones en una sola capa en la cesta de la freidora engrasada.

Cocina hasta que los calzones estén dorados, durante unos 15 minutos, dándoles la vuelta a mitad de la cocción. Retira y mantén caliente; repite con los calzones restantes.

Servir con el aderezo de la ensalada.

Camarones al coco

Tiempo de preparación: 10 minutos

Tiempo de cocción: 15 minutos

Porciones: 8 a 12 personas

Ingredientes de cocción:

12 camarones XL capturados en la naturaleza

1/3 de taza de harina de yuca, me gusta la harina de yuca de Otto

2 huevos grandes, batidos

1/2 taza de coco rallado sin azúcar

1 cuña de lima

1 cucharada de aceite de oliva virgen extra para pincelar la cesta

Salsa tropical para mojar

4 cucharaditas de aminoácidos de coco

1 taza de zumo de piña

1 cucharadita de miel cruda

¼ cucharadita de jengibre en polvo

½ cucharadita de almidón de tapioca

Instrucciones:

Lavar los camarones y desvenarlos. Haz pequeñas hendiduras en el vientre de los camarones, para que no se enrosquen cuando se cocinen.

Coloca la harina de yuca en un plato, los huevos en un recipiente poco profundo y el coco rallado en otro plato.

Pasa los camarones por la harina, sumérgelas en el huevo y pásalas por el coco rallado. Refrigera durante unos 30 minutos. Precalienta la freidora de aire a 360°F.

Unta la cesta con aceite de oliva virgen extra. Coloca 6 gambas en la cesta, en una sola capa, y programa el temporizador para 7 minutos.

Mientras tanto, en una cacerola pequeña, lleva el jugo de piña a ebullición y luego cocina a fuego lento, hasta que se reduzca a la mitad.

Añade el resto de los ingredientes y remueve bien. Retira la cacerola del fuego y apártala. Cuando suene el temporizador, saca las gambas, colócalas en un plato y tápalas.

Pon el resto de las gambas en la cesta y cocina durante 7 minutos. Cuando el temporizador se apaga, exprime un poco de zumo de lima sobre las gambas.

Servir inmediatamente con la salsa tropical para mojar.

Espárragos fritos al aire

Tiempo de preparación: 5 minutos

Tiempo de cocción: 10 minutos

Porciones: de 2 a 4 personas

Ingredientes:

½ manojo de espárragos, con la parte inferior recortada 2 pulgadas

Aceite de aguacate o de oliva en un vaporizador de aceite o rociador

Sal del Himalaya

Pimienta negra

Instrucciones:

Coloca los espárragos recortados en la cesta de la freidora.

Rocía los espárragos ligeramente con aceite, luego espolvorea con sal y un poco de pimienta negra.

Coloca la cesta dentro de la freidora de aire y hornea a 400° durante 10 minutos. Sirve inmediatamente y disfruta.

Brócoli asiático asado

Tiempo de preparación: 10 minutos

Tiempo de cocción: 20 minutos

Porciones: de 2 a 4 personas

Ingredientes:

1 libra de brócoli, cortado en ramilletes

1 1/2 cucharadas de aceite de cacahuete

1 cucharada de ajo picado

Sal

2 cucharadas de salsa de soja reducida en sodio

2 cucharaditas de miel (o agave)

2 cucharaditas de sriracha

1 cucharadita de vinagre de arroz

1/3 de taza de cacahuetes salados tostados

Zumo de lima fresco (opcional)

Instrucciones:

En un bol grande, mezcla el brócoli, el aceite de cacahuete, el ajo y sazona con sal marina. Asegúrate de que el aceite cubra todos los ramilletes de brócoli.

Coloca el brócoli en la cesta de alambre de la freidora de aire, en una sola capa, como sea posible, tratando de dejar un poco de espacio entre cada flor.

Cocina a 4000F hasta que esté dorado y crujiente, durante unos 15 a 20 minutos, removiendo a mitad de camino.

Mientras el brócoli y los cacahuetes se cocinan, mezcla la miel, la salsa de soja, la sriracha y el vinagre de arroz en un bol pequeño apto para microondas.

Una vez mezclados, calienta la mezcla en el microondas durante unos 10 o 15 segundos hasta que la miel se derrita y se incorpore de manera uniforme.

Pasar el brócoli cocido a un bol y añadir la mezcla de salsa de soja. Revuelve para cubrirlo y sazona al gusto con una pizca más de sal, si es necesario.

Añade los cacahuetes y exprime la lima por encima. Sirve inmediatamente y disfruta.

Nuggets de pollo

Tiempo de preparación: 10 minutos

Tiempo de cocción: 8 minutos

Porciones: de 2 a 4 personas

Ingredientes:

1 pechuga de pollo deshuesada y sin piel

¼ cucharadita de sal

1/8 cucharadita de pimienta negra

½ taza de mantequilla sin sal derretida

½ taza de pan rallado

2 cucharadas de parmesano rallado opcional

Instrucciones:

Precalienta la freidora a 3900F durante unos 4 minutos. Quita la grasa de la pechuga de pollo, córtala en rebanadas de 1/2 pulgada de grosor, luego cada rebanada en 2 a 3 nuggets.

Sazona los trozos de pollo con sal y pimienta. Coloca la mantequilla derretida en un bol pequeño y el pan rallado (con parmesano en otro bol pequeño).

Pasar cada trozo de pollo por la mantequilla y luego por el pan rallado. Colócalos en una sola capa en la cesta de la freidora.

Dependiendo del tamaño de tu freidora de aire, es posible que tengas que hornear en dos tandas o más. Programa el temporizador a 8 minutos.

Cuando esté hecho, compruebe si la temperatura interna de los nuggets de pollo es de al menos 1650F. Saca los nuggets de la cesta con unas pinzas y pónlos en un plato para que se enfríen. Servir inmediatamente y disfrutar.

Bocaditos de churro

Tiempo de preparación: 5 minutos

Tiempo de cocción: 20 minutos

Porciones: de 2 a 4 personas

Ingredientes:

1 taza de agua

8 cucharadas (1 barra) de mantequilla sin sal, cortada en 8 trozos

½ taza + 1 cucharada de azúcar granulada, dividida

1 taza de harina para todo uso

1 cucharadita de extracto de vainilla

3 huevos grandes

2 cucharaditas de canela molida

4 oz. de chocolate negro finamente picado

¼ de taza de crema agria o yogur griego

Instrucciones:

Poner a hervir el agua, la mantequilla y 1 cucharada de azúcar en una cacerola pequeña a fuego medio-alto.

Añade la harina y remuévala rápidamente con una cuchara de madera resistente. Seguir cocinando, removiendo constantemente, hasta que la harina huela a tostado y la mezcla esté espesa, durante unos 3 minutos.

Pasar a un bol grande. Con la misma cuchara de madera, batir la mezcla de harina hasta que se enfríe un poco pero aún esté caliente, aproximadamente 1 minuto de remover constantemente.

Incorporar la vainilla. Añadir los huevos de uno en uno, asegurándose de que cada huevo se incorpora antes de añadir el siguiente.

Pasar la masa a una manga pastelera o a una bolsa con cierre. Dejar reposar la masa durante 1 hora a temperatura ambiente.

Mientras tanto, prepara el azúcar de canela y la salsa de chocolate. Combina la canela y la ½ taza de azúcar restante en un bol grande.

Calienta el chocolate en un bol mediano apto para microondas en intervalos de 30 segundos, removiendo entre cada uno, hasta que el chocolate se derrita, durante unos 2 minutos.

Añadir la crema agria o el yogur y batir hasta que esté suave. Tapar y reservar. Precalentar la freidora de aire durante unos 10 minutos a 375°F.

Coloca la masa directamente en la freidora de aire precalentada, haciendo 6 (piezas de 3 pulgadas y colocándolas con una separación de al menos ½ pulgada.

Fríe al aire hasta que se doren, durante unos 10 minutos. Pasar inmediatamente los churros al bol de azúcar con canela y remover para cubrirlos.

Repite la operación de freír al aire el resto de la masa. Servir los churros calientes con la salsa para mojar.

Chips de manzana

Tiempo de preparación: 5 minutos

Tiempo de cocción: 8 minutos

Tiempo total: 13 minutos

Porciones: de 2 a 4 personas

Ingredientes:

3 manzanas grandes, dulces y crujientes

¾ cucharadita de canela molida

Una pizca de sal

Instrucciones:

Lavar bien las manzanas en agua o vinagre de sidra de manzana. Puedes descorazonar las manzanas o, si quieres, dejar las semillas.

Precalienta la freidora de aire a 3900F. Con una mandolina o un cuchillo afilado, corta la manzana de lado en rodajas de 1/8 de pulgada.

Mezcla la canela y la sal en un bol. Dispón las manzanas en una sola capa y espolvorea o frota un poco de la mezcla de canela y sal.

Coloca una sola capa de las rodajas de manzana en la freidora de aire. Cocina durante unos 8 minutos a 3900F, volteando los lados a mitad de camino.

La primera tanda debería estar lista en 8 minutos. Repite el paso anterior para otras tandas. Una vez que estés satisfecho con el crujiente, enfría los chips en una rejilla.

Disfrútalas tal cual o guárdalas en un recipiente hermético.

Patatas al horno

Tiempo de preparación: 2 minutos

Tiempo de cocción 40 minutos

Porciones: 1 a 3 personas

Ingredientes:

3 patatas russet (de tamaño medio, fregadas y enjuagadas)

Aceite de cocina en aerosol (yo usé aceite de aguacate en aerosol)

½ cucharadita de sal marina (utiliza un poco menos si usas una sal más fina, como la sal de mesa)

½ cucharadita de ajo en polvo

Instrucciones:

Coloca las patatas en la cesta de la Freidora, y rocía con aceite en aerosol por ambos lados. Espolvorea la sal marina y el ajo por todos los lados, girando las patatas a medida que las tenga. Utiliza tus manos para frotar las patatas para asegurarte de que todo se recubre uniformemente.

Cocinar en la Freidora a 4000F, durante unos 40 a 50 minutos, hasta que estén tiernas al pincharlas. Sirve inmediatamente y disfruta.

Arroz con setas

Tiempo de preparación: 5 minutos

Tiempo de cocción: 20 minutos

Porciones: 4 a 6 personas

Ingredientes:

16 onzas de arroz jazmín sin cocer

½ taza de salsa de soja, puede utilizar tamari sin gluten

4 cucharadas de jarabe de arce

4 dientes de ajo finamente picados

2 cucharaditas de 5 especias chinas

½ cucharadita de jengibre molido

4 cucharadas de vino blanco, puede utilizar vinagre de arroz

16 oz. de champiñones cremini limpios, puedes cortar cualquier champiñón grande por la mitad

½ taza de guisantes congelados

Instrucciones:

Prepara el arroz ahora para que esté hecho y caliente al mismo tiempo que la salsa. Mezcla los siguientes 6 ingredientes y resérvalos.

Coloca los champiñones en la freidora de aire. Ponlo a 350F y cocínalo durante unos 10 minutos. Abre la freidora de aire, si no tienes una que se remueve sola, saca la olla y agita.

Vierte la mezcla líquida y los guisantes sobre los champiñones. Remueve y cocina 5 minutos más.

Vierte la salsa de setas y guisantes sobre la olla de arroz y remueve. Sirve inmediatamente y ¡disfruta!

Filete frito al aire

Tiempo de preparación: 5 minutos

Tiempo de cocción: 12 minutos

Porciones: 1 a 3 personas

Ingredientes:

2 a 12 onzas de filetes de tira (1 pulgada de espesor)

Sal y pimienta al gusto

2 cucharadas de mantequilla (opcional)

Instrucciones:

Precalienta tu freidora de aire. Ajusta la temperatura a 4000F.

Sazona el filete con sal y pimienta en cada lado. Coloca el filete en la cesta de la freidora.

No superpongas los filetes. Programa el tiempo a 12 minutos y dale la vuelta al filete a los 6. Sirve con verduras o puré de coliflor.

Hash Brown

Tiempo de cocción: 15 minutos

Porciones: 6 a 8 personas

Ingredientes:

4 patatas grandes peladas y ralladas finamente

2 cucharadas de harina de maíz

Sal al gusto

Pimienta en polvo - al gusto

2 cucharaditas de copos de chile

1 cucharadita de ajo en polvo (opcional)

1 cucharadita de cebolla en polvo - (opcional

2 cucharaditas de aceite vegetal

Instrucciones:

Remojar las papas ralladas en agua fría y escurrir el agua. Repite el paso para escurrir el exceso de almidón de las patatas. En una sartén antiadherente calentar 1 cucharadita de aceite vegetal y saltear las patatas ralladas hasta que se cocinen ligeramente durante 4 minutos.

Enfría y pasa las patatas a un plato. Añade la harina de maíz, la sal, la pimienta, el ajo y la cebolla en polvo y los copos de chile y mézclalo todo.

Extienda la mezcla sobre el plato y aplícala firmemente con los dedos. Refrigéralo durante unos 20 minutos.

Precalentar la freidora de aire a 1800C, sacar la patata ahora refrigerada y dividirla en trozos iguales con un cuchillo.

Unta la cesta de alambre de la freidora de aire con un poco de aceite. Coloca los trozos de patata en la cesta y fríelos durante unos 15 minutos a 1800C.

Sacar la cesta y dar la vuelta a las patatas fritas a los 6 minutos para que se fríen uniformemente. Servirlas calientes con kétchup

Rollos de huevo para el almuerzo

Tiempo de preparación: 25 minutos

Porciones: 4

Ingredientes

½ taza de champiñones

½ taza de zanahorias

½ taza de calabacines

2 cebollas verdes

2 cucharadas de salsa de soja

8 rollos de huevo

1 huevo

1 cucharada de almidón de maíz

Instrucciones

Mezcla las zanahorias con la salsa de soja, el calabacín, las cebollas verdes y los champiñones en un bol. Remover.

Organiza los rollos de huevo en una superficie. Dividir la mezcla de verduras en cada uno. Enrollar bien.

Mezclar la maicena y el huevo en un bol. Batir bien. Untar los rollos de huevo con esta mezcla.

Sellar los bordes. Coloca todos los rollos en la freidora de aire precalentada. Cocina durante 15 minutos a 370°F.

Colócalos en una bandeja. Sirve.

Tostada de verduras

Tiempo de preparación: 25 minutos

Porciones: 4

Ingredientes:

1 pimiento rojo

1 taza de champiñones cremini

2 cebollas verdes

1 cucharada de aceite de oliva

4 rebanadas de pan

2 cucharadas de mantequilla

½ taza de queso de cabra

Instrucciones:

Mezcla los champiñones y el pimiento rojo en un tazón de calabaza. Agrega el aceite y las cebollas verdes. Revuelve. Transfiere a la freidora de aire. Cocínalos durante 10 minutos a 350°F. Transfiere a un bol.

Unta mantequilla en las rebanadas de pan. Colócalas en la freidora de aire. Cocínalas durante 5 minutos a 350°F.

Divide la mezcla de verduras en las rebanadas de pan. Cubre con queso desmenuzado. Sirve.

Champiñones rellenos

Tiempo de preparación: 30 minutos

Porciones: 4

Ingredientes

4 champiñones Portobello grandes

1 cucharada de aceite de oliva

¼ taza de ricotta

5 cdas. de parmesano

1 taza de espinacas

1/3 de taza de pan rallado

¼ cucharadita de romero

Instrucciones:

Frota las tapas de los champiñones con el aceite. Colócalos en la cesta de tu freidora de aire. Cocina durante 2 minutos a 350°F.

Mezcla la mitad del parmesano con el pan rallado, el romero, las espinacas y la ricotta en un bol. Revuelve.

Rellena los champiñones con esta mezcla. Rocía con parmesano. Colócalos en la cesta de la freidora de aire. Cocina durante 10 minutos a 350°F.

Divide en platos y Sirve.

Pizzas rápidas para el almuerzo

Tiempo de preparación: 17 minutos

Porciones: 4

Ingredientes

4 pitas

1 cucharada de aceite de oliva

¾ de taza de salsa para pizza

4 onzas de champiñones de bote

½ cucharadita de albahaca

2 cebollas verdes

2 taza de mozzarella

1 taza de tomates de uva

Instrucciones:

En cada pan de pita, extiende la salsa para pizza. Rocía la albahaca y las cebollas verdes. Divide los champiñones y cubre con el queso.

Arma las pizzas de pita en la freidora de aire. Cocinar durante 7 minutos a 400°F.

Cubre la pizza con rodajas de tomate. Repartir en los platos. Sirve.

Gnocchi para el almuerzo

Tiempo de preparación: 10 minutos

Porciones: 4

Ingredientes

1 cebolla amarilla

1 cucharada de aceite de oliva

3 dientes de ajo

16 oz. de ñoquis

¼ taza de parmesano

8 o. de pesto de espinacas

Instrucciones

Engrasar la sartén de la freidora con aceite de oliva. Incluye el ajo, la cebolla y los ñoquis. Mezclar. Coloca la sartén en la freidora de aire. Cocina durante 10 minutos a 400°F.

Añade el pesto. Mezcla. Cocina durante 7 minutos a 350°F.

Divide en los platos. Servir.

Tortillas de atún y calabacín

Tiempo de preparación: 10 minutos

Porciones: 4

Ingredientes:

4 tortillas de maíz

4 cucharadas de mantequilla

6 oz. de atún enlatado

1 taza de calabacín

1/3 de taza de mayonesa

2 cucharadas de mostaza

1 taza de queso cheddar

Instrucciones:

Unta las tortillas con mantequilla. Pon en la cesta de la freidora de aire. Cocina durante 3 minutos a 400°F.

Mezcla la mostaza con la mayonesa, el calabacín y el atún en un bol. Revuelve.

Mezclar en cada tortilla. Adorna con queso. Coloca en la cesta de la freidora de aire. Cocina durante 4 minutos a 400°F.

Sirve.

Buñuelos de calabaza

Tiempo de preparación: 10Minutos

Porciones: 4

Ingredientes:

3 onzas de queso crema

1 huevo

½ cucharadita de orégano

Pimienta negra y una pizca de sal

1 calabaza amarilla de verano

1/3 de taza de zanahoria

2/3 de taza de pan rallado

2 cucharadas de aceite de oliva

Instrucciones:

Mezclar el queso crema con la pimienta, la sal, el huevo, el orégano, la zanahoria, el pan rallado y la calabaza en un bol. Revuelve.

Haz pastelitos medianos con esta mezcla. Úntalos con aceite

Coloca los pastelitos de calabaza en la freidora. Cocinar durante 7 minutos a 400° F

Sirve.

Croquetas de camarones para el almuerzo

Tiempo de preparación: 18 minutos

Porciones: 4

Ingredientes:

2/3 de libra de camarones

1 ½ tazas de pan rallado

1 huevo

2 cucharadas de jugo de limón

3 cebollas verdes

½ cucharadita de albahaca

Sal y pimienta negra para

2 cucharadas de aceite de oliva

Instrucciones:

Mezclar en un bol el huevo y la mitad del pan rallado con el zumo de limón. Revuelve.

Agrega la albahaca, las cebollas verdes, la pimienta, los camarones y la sal. Remover.

Mezclar el resto del pan rallado con el aceite en un bol aparte. Mezclar bien.

Hacer bolas redondas con la mezcla de camarones. Pasarlas por el pan rallado. Ponlas en la freidora de aire caliente y cocínalas durante 8 minutos a 400°F.

Sirve.

Panqueque especial para el almuerzo

Tiempo de preparación: 10 minutos

Porciones: 2

Ingredientes

1 cucharada de mantequilla

3 huevos

½ taza de harina

½ taza de leche

1 taza de salsa

1 taza de camarones pequeños

Instrucciones

Calienta la freidora a 400°F. Incluye 1 cucharada de mantequilla. Derrítela.

Mezcla los huevos con la leche y en un tazón. Bate. Vierte en la sartén de la freidora de aire. Cocina durante 12 minutos a 350°F. Transfiere a un plato.

Mezcla la salsa con los camarones en un tazón. Revuelve.

Sirve.

Vieiras y Eneldo

Tiempo de preparación: 15 minutos

Porciones: 4

Ingredientes

1 libra de vieiras

1 cucharada de zumo de limón

1 cucharadita de eneldo

2 cucharaditas de aceite de oliva

Pimienta negra y sal

Instrucciones

Mezclar las vieiras con el aceite, el eneldo, la pimienta, el zumo de limón y la sal en la freidora. Cerrar. Cocinar durante 5 minutos a 360° F.

Desechar las que no estén cubiertas. Repartir la salsa de eneldo y las vieiras en los platos. Servir.

Sándwiches de pollo

Tiempo de preparación: 20 minutos

Porciones: 4

Ingredientes:

2 pechugas de pollo deshuesadas y sin piel

1 cebolla roja

1 pimiento rojo

½ taza de condimento italiano

½ cucharadita de tomillo

2 tazas de lechuga mantequilla

4 pitas

1 taza de tomates cherry

1 cucharada de aceite de oliva

Instrucciones

Mezclar el pollo con el pimiento, la cebolla, el aceite y el condimento italiano. Mezclar. Cocinar durante 10 minutos a 380°F.

Colocar la mezcla de pollo en un bol. Incluye la lechuga de mantequilla, los tomates cherry y el tomillo. Mezcla. Rellena los bolsillos de pita con esta mezcla. Sirve.

Sándwiches calientes de tocino

Tiempo de preparación: 10 minutos

Porciones: 4

Ingredientes

1/3 de taza de salsa BBQ

2 cucharadas de miel

8 rebanadas de tocino

1 pimiento rojo

1 pimiento amarillo

3 pitas

1¼ de taza de hojas de lechuga mantequilla

2 tomates

Instrucciones

Mezclar la barbacoa con la miel con la salsa en un bol. Bate.

Unta todos los pimientos y el tocino con esta mezcla. Ponlos en la freidora de aire. Cocinar a 350°F durante 4 minutos.

Rellena los bolsillos de pita con lechuga, mezcla de tocino y tomates, Unta el resto de la salsa BBQ y Sirve para el almuerzo.

Tofu Satay en la freidora de aire

Ingredientes:

1 bloque de tofu, extra firme

2 cucharadas de salsa de soja

2 cucharaditas de pasta de jengibre y ajo

1 cucharadita de salsa sriracha

1 cucharada de sirope de arce + zumo de lima

Instrucciones:

Mezclar el jarabe de arce con el zumo de lima, la pasta de ajo y jengibre, la sriracha y la salsa de soja en un procesador de alimentos o en una batidora. Mézclalo hasta que quede suave.

Corta el tofu en tiras. Añade el puré sobre las tiras y déjalo marinar de 15 a 30 minutos.

Remoja 6 brochetas de bambú en agua mientras el tofu se marina.

Con un cortador de alambre, corta cada brocheta en dos, ya que una brocheta completa no cabrá dentro de la freidora de aire.

Ensarta una tira de tofu en cada palito de bambú. Pínchala por el lado no cortado de la brocheta.

Coloca las brochetas en la freidora de aire. Ajusta la temperatura a 370 F y deja que se cocine durante 15 minutos. No es necesario remover el contenido.

Sirve con salsa de mantequilla de cacahuete.

Tofu a la barbacoa pegajoso y dulce

Ingredientes:

1 ½ tazas de salsa BBQ

1 bloque de tofu, extra firme

Aceite para engrasar

Instrucciones:

Ajusta la temperatura a 400 F y Precalienta la freidora de aire.

Presiona el tofu y córtelo en cubos de 1".

Colócalos en una bandeja para hornear engrasada.

Aplica una capa de salsa BBQ y deja que se cocine en la freidora de aire durante 20 minutos. Resérvalo.

Añade ½ taza de salsa BBQ en una cacerola de cristal. La salsa debe extenderse uniformemente en la cacerola. Coloca los cubos de tofu cocido encima y añade otra capa de la salsa.

Vuelve a ponerlos en la freidora de aire y deja que se cocinen durante 30 minutos.

¡Que lo disfrutes!

Tazón de verduras

Ingredientes

4 tazas de coles de Bruselas

6 tazas de batata

2 cucharaditas de ajo en polvo

2 cucharadas de salsa de soja baja en sodio

Spray para cocinar

Instrucciones:

Coloca las batatas en la freidora de aire. Añade una ligera capa de aceite para mezclar.

Cubre con 1 cucharadita de ajo en polvo y mezcla.

Poner la temperatura a 400 F y cocinar durante 15 minutos. Revuelve después de 5 minutos.

Transfiere las coles de Bruselas a la cesta de cocción y rocía una capa de aceite y el resto del ajo en polvo. Revuélvelas bien y cocínalas a 400 F durante 5 minutos.

Rocía un poco de salsa de soja y agita para cubrir las verduras de manera uniforme.

Poner a la misma temperatura y cocinar durante 5 minutos. Comprueba cuando llegue a los 2 minutos y revuelve el contenido.

El tiempo de cocción dependerá de la verdura. Cuando las verduras estén hechas, estarán blandas y doradas.

Piel de pescado frita al aire

Ingredientes:

½ libra de piel de salmón

2 cucharadas de aceite saludable para el corazón

Sal y pimienta, según sea necesario

Instrucciones:

Ajuste la temperatura a 400 F y Precalienta la freidora de aire durante 5 minutos.

Asegúrate de que la piel del salmón esté seca.

En un tazón grande, agrega todo y combina bien.

Transfiere los ingredientes a la cesta de la freidora y ciérrala.

Deja que se cocine durante 10 minutos a una temperatura de 400 F.

Agita el contenido a mitad del tiempo de cocción, para asegurarte de que la piel se cocina uniformemente.

Pescado tailandés al horno

Ingredientes:

Filete de bacalao de 1 libra

1 cucharada de zumo de lima

¼ de taza de leche de coco

Sal y pimienta, según sea necesario

Instrucciones:

Corta el filete de bacalao en trozos pequeños.

Ajusta la temperatura a 325 F y precalienta la freidora durante 5 minutos.

Añade todos los ingredientes a una fuente de horno y pásala a la freidora.

Deja que se cocine durante 20 minutos a una temperatura de 325 F.

¡Disfruta!

Corned Beef al Horno

Ingredientes:

1 cebolla mediana picada

4 tazas de agua

2 cucharadas de mostaza de Dijon

3 libras de carne en conserva

Instrucciones:

Ajusta la temperatura a 400 F y precalienta la freidora de aire durante 5 minutos.

Corta la carne en trozos

Añade todos los ingredientes a una bandeja de horno que quepa dentro de la freidora de aire.

Deja que se cocine durante 50 minutos a una temperatura de 400 F.

¡Disfruta!

Crujientes bocados de cerdo Keto

Ingredientes:

1 cebolla mediana

½ libra de panza de cerdo

4 cucharadas de crema de coco

1 cucharada de mantequilla

Sal y pimienta, al gusto

Instrucciones:

Cortar la panza de cerdo en tiras uniformes y finas

La cebolla tiene que ser cortada en dados.

Pon todos los ingredientes en un bol y déjelo marinar en la nevera durante dos horas.

Ajusta la temperatura a 350 F y precalienta la freidora de aire durante 5 minutos.

Mantén las tiras de cerdo dentro de la freidora de aire y deja que se cocinen durante 25 minutos a una temperatura de 350 F.

¡Disfruta!

Setas con soja y ajo

Ingredientes:

2 libras de champiñones

2 dientes de ajo

¼ de taza de aminos de coco

3 cucharadas de aceite de oliva

Instrucciones:

Pon todos los ingredientes en un plato y combínalos hasta que estén bien incorporados.

Deja marinar por 2 horas en la nevera

Pon la temperatura a 350 F y precalienta por 5 minutos.

Transfiere los champiñones a un plato resistente al calor que pueda caber en una freidora de aire

Deja que se cocinen durante 20 minutos a una temperatura de 350 F.

¡Disfruta!

Pollo a la brasa

Ingredientes:

1 bloque de queso crema

4 pechugas de pollo

8 rebanadas de tocino

¼ de taza de aceite de oliva

Sal y pimienta

Dirección:

Ajusta la temperatura a 350 F y deja que la freidora de aire se precaliente durante 5 minutos

En un plato para hornear que quepa en la freidora de aire, coloca el pollo.

Aplica el queso crema y el aceite de oliva sobre él. Fríe el tocino y desmenúzalo sobre el pollo.

Sazona según sea necesario.

Coloca la fuente en la freidora de aire y cocínala durante 25 minutos a una temperatura de 350 F.

Que aproveches.

Setas Portobello y Puntas de Filete en la Freidora de Aire

Tiempo de preparación: 5 minutos

Tiempo de cocción: 10 minutos

Porciones: 2

Ingredientes:

Aceite de oliva: ¼ de taza

Aminos de coco 1 cucharada

Condimento Montreal para filetes: 2 cucharaditas

Ajo en polvo: ½ cucharadita

Bistecs: 2 tiras (hacer trozos de ¾ de pulgada)

Setas Portobello: 4 onzas (cortadas en cuartos)

Instrucciones:

Comienza por preparar la marinada para los filetes. Para ello, toma un tazón pequeño y agrega los aminos de coco, el aceite de oliva, el ajo en polvo y el condimento para bistecs. Mezcla bien para combinar.

Añade los trozos de carne a la mezcla y déjalos reposar en la marinada durante unos 15 minutos.

Mientras tanto, precalienta la freidora de aire ajustando la temperatura a 390°F.

Saca la cesta de la freidora de aire y forra el fondo de la parrilla con papel pergamino.

Saca las tiras de filete de la marinada y colócalas en la cesta de la freidora de aire. Añade también los champiñones portobello

Deja que el filete y los champiñones se cocinen durante unos 5 minutos. Saca la cesta y revuelve los champiñones y el filete. Cocina durante otros 4 minutos.

Transfiere el contenido de la cesta a un plato y sirve caliente.

Nutrición: Proteínas: 41 g Hidratos de carbono: 4,9 g Grasa: 40,1 g

Chuletas

Tiempo de preparación: 10 minutos

Tiempo de cocción: 20 minutos

Porciones: 4

Ingredientes:

Queso parmesano: ½ taza (rallado)

Pimentón: 1 cucharadita

Ajo en polvo: 1 cucharadita

Sal Kosher: 1 cucharadita

Perejil seco: 1 cucharadita

Pimienta negra molida: ½ cucharadita

Chuletas de cerdo (corte central): 4 (5 onzas)

Aceite de oliva virgen extra: 2 cucharadas

Hojas de rúcula para decorar

Limón (cortado en gajos para la guarnición)

Instrucciones:

Comienza por precalentar la freidora de aire a 380°F.

Toma un plato llano y añade el queso parmesano, el ajo en polvo, el pimentón, la sal, la pimienta y el perejil. Mezcla bien para combinar.

Rocía el aceite de oliva sobre las chuletas de cerdo y asegúrate de que estén bien cubiertas.

Pasa las chuletas de cerdo por la mezcla de parmesano. Asegúrate de que ambos lados estén uniformemente cubiertos.

Toma la cesta de la freidora de aire y coloca 2 chuletas de cerdo dentro de ella. Deja que se cocinen durante unos 5 minutos. Retira la cesta y dales la vuelta. Cocina durante otros 5 minutos. Repite el proceso con las chuletas restantes.

Transfiere las chuletas de cerdo cocidas a una tabla de cortar de madera. Déjalas reposar durante 5 minutos.

Colócalas en un plato y sírvelas con hojas de rúcula y gajos de limón.

Nutrición: Proteínas: 35,3 g Hidratos de carbono: 1,5 g Grasa: 16,6 g

Pastel de carne sexy frito al aire

Tiempo de preparación: 10 minutos

Tiempo de cocción: 45 minutos

Porciones: 4

Ingredientes:

Carne de cerdo molida: ½ libra

Ternera molida: ½ libra

Huevo: 1 (grande)

Cilantro fresco: ¼ de taza (picado)

Pan rallado: ¼ de taza (sin gluten)

Cebollas tiernas: 2 medianas (picadas)

Pimienta negra recién molida: ½ cucharadita

Sal de Sriracha: ½ cucharadita

Kétchup: ½ taza

Salsa de chile chipotle: 2 cucharaditas (sin gluten)

Aceite de oliva: 1 cucharadita

Melaza negra 1 cucharadita

Instrucciones:

Comienza por precalentar la freidora de aire ajustando la temperatura a 400°F.

Toma una fuente de horno (antiadherente que pueda caber fácilmente dentro de la cesta de la freidora de aire. Añadir la ternera y el cerdo y mezclar bien para combinar.

En el centro de la mezcla de ternera y cerdo, haz un hueco. Añade el huevo, el pan rallado, el cilantro, la pimienta negra, la cebolleta y la sal de Sriracha. Mezclar todos los ingredientes con las manos.

Moldea la mezcla en forma de pan en la fuente de horno antiadherente.

Coloca la fuente de horno dentro de la cesta de la freidora de aire y deja que el pastel de carne se cocina durante unos 25 minutos.

Mientras tanto, coge un bol pequeño y añade la salsa de chile chipotle, el kétchup, la melaza y el aceite de oliva. Mezcla bien con un batidor. Aparta.

Retira la cesta y cubre el pastel de carne con la mezcla de kétchup y chipotle. Asegúrate de cubrir completamente la parte superior del pastel de carne.

Coloca la cesta en la freidora de aire de nuevo y cocina durante unos 7 minutos más.

Apaga la freidora de aire y deja que el pastel de carne repose en su interior durante unos 5 minutos.

Retira la cesta y transfiere el pastel de carne a una tabla de madera. Déjalo reposar unos 5 minutos.

Cortar el pastel de carne en rodajas y servirlo caliente.

Notas:

- Puedes sustituir la Sriracha por salsa de chipotle.

- También puedes optar por migas de pan normal en lugar de migas de pan sin gluten.

Nutrición: Proteínas: 22,1 g Hidratos de carbono: 13,3 g Grasa: 14,4 g

Brochetas de cerdo fritas al aire con salsa de mango y frijoles negros

Tiempo de preparación: 30 minutos

Tiempo de cocción: 10 minutos

Porciones: 4

Ingredientes:

Condimento Jamaican Jerk:

Azúcar blanco: 2 cucharadas

Cebolla en polvo: 4 ½ cucharaditas

Tomillo seco 4 ½ cucharaditas (machacadas)

Pimienta de Jamaica molida: 1 cucharada

Pimienta negra recién molida: 1 cucharada

Pimienta de cayena: 1 ½ cucharaditas

Sal: 1 ½ cucharaditas

Nuez moscada molida: ¾ cucharadita

Clavo de olor molido: ¼ cucharadita

Coco rallado: ¼ de taza

Lomo de cerdo: 1 (1 libra)

Pinchos de bambú: 4

Aceite vegetal: 1 cucharada

Mango: 1 pelado, sin semillas y picado

Frijoles negros (enjuagados y escurridos: ½ lata (15 onzas)

Cebolla roja (finamente picada: ¼ de taza

Zumo de lima fresco: 2 cucharadas

Miel: 1 cucharada

Cilantro fresco (picado: 1 cucharada

Sal: ¼ de cucharadita

Pimienta negra (recién molida: ⅛ cucharadita

Instrucciones:

Empieza por poner en remojo las brochetas en agua durante unos 30 minutos.

Mientras tanto, prepara el condimento para el cerdo. Coge un bol pequeño y añade el azúcar, el tomillo, la cebolla en polvo, la pimienta de Jamaica, la pimienta de cayena, la sal, la pimienta negra, el clavo y la nuez moscada.

Separa 1 cucharada de condimento para la receta y guarda el resto para utilizarlo en el futuro.

Toma el lomo de cerdo y córtalo en cubos de 1 ½ pulgadas. Añade estos cubos y el coco a la mezcla de especias reservada. Combina mezclando bien.

Precalienta la freidora de aire ajustando la temperatura a 350°F.

Saca las brochetas del agua y comienza a ensartar los trozos de cerdo en las brochetas preparadas.

Engrasa la carne de cerdo generosamente con aceite utilizando un pincel. Espolvorea la carne de cerdo con la mezcla de especias. Asegúrate de que todos los lados estén cubiertos uniformemente.

Coloca las brochetas de cerdo ensartadas en la cesta de la freidora de aire. Cocina durante unos 5-7 minutos.

Mientras la carne de cerdo se cuece, saca el mango y pela la piel. Retira las semillas y corta la pulpa en dados pequeños.

En un bol mediano, añade 1/3 del mango cortado en dados y tritúralo hasta conseguir una pasta suave. Añade el resto del mango cortado en dados, la cebolla roja, los frijoles negros, la miel, el zumo de lima, la sal, la pimienta y el cilantro. Mezclar bien para combinar.

Una vez cocido, saca la brocheta de cerdo de la cesta de la freidora de aire y colócala en una fuente. Sirve con la salsa.

Nutrición: Proteínas: 22,3 g Hidratos de carbono: 34,6 g Grasa: 10,8 g

Albóndigas de cerdo en la freidora de aire

Tiempo de preparación: 10 minutos

Tiempo de cocción: 20 minutos

Ingredientes:

Carne de cerdo molida: 12 onzas

Salchicha italiana molida 8 onzas

Pan rallado Panko: ½ taza

Huevo: 1

Sal: 1 cucharadita

Perejil seco: 1 cucharadita

Pimentón: ½ cucharadita

Instrucciones:

Comienza por precalentar la freidora de aire ajustando la temperatura a 350°F.

Toma un bol grande y añade la carne de cerdo, el pan rallado, la salchicha, la sal, el huevo, el pimentón y el perejil. Mezcla bien y asegúrate de que está bien combinado.

Haz 12 albóndigas del mismo tamaño. Esto puede hacerse utilizando una cuchara. Moldearlas en bolas redondas.

Toma una bandeja de horno y coloca todas las albóndigas en ella. Engrasa ligeramente la cesta de la freidora de aire y coloca todas las albóndigas en la cesta. Deja que se cocinen durante unos 8 minutos. Saca la cesta y agítala bien. Cocina durante otros 2 minutos.

Pasa las albóndigas a un plato y déjalas reposar durante 5
minutos.

Nutrición: Proteínas: 8,5 g Hidratos de carbono: 3,8 g Grasa:
8,1 g

Chuletas de cerdo empanizadas en la freidora de aire

Tiempo de preparación: 10 minutos

Tiempo de cocción: 10 minutos

Porciones: 4

Ingredientes:

Chuletas de cerdo (cortadas al centro y deshuesadas: 4

Condimento cajún: 1 cucharadita

Crouton con sabor a ajo y queso: 1 ½ tazas

Huevos: 2

Spray para cocinar

Instrucciones:

Comienza por precalentar la freidora de aire ajustando la temperatura a 390°F.

Toma un plato y transfiere el condimento cajún a él. Toma 1 chuleta de cerdo y cúbrela con el condimento. Asegúrate de que ambos lados estén uniformemente cubiertos. Repite el proceso con las chuletas restantes.

En un procesador de alimentos, pulsa los crouton aromatizados hasta que la consistencia sea fina. Una vez hecho, vacíalos en un plato llano.

Toma otro plato llano y sumerge cada chuleta de cerdo en los huevos. A continuación, cúbrelas con los crouton de manera uniforme por todos los lados. Apártalas en un plato.

Coge la cesta de la freidora y engrásala con el spray de cocina. Coloca 2 chuletas dentro de la cesta y cocínalas durante unos 5 minutos. Dale la vuelta a las chuletas y rocíalas ligeramente con el spray de cocina. Cocina durante otros 5 minutos. Repite el proceso con el resto de las chuletas.

Una vez hechas, transfiere las chuletas cocinadas a una fuente y sírvelas calientes.

Nutrición: Proteínas: 44,7 g Carbohidratos -10 g Grasa: 18,1 g

Costillas de cerdo en la freidora con glaseado de jengibre

Tiempo de preparación: 20 minutos

Tiempo de cocción: 30 minutos

Porciones: 6

Ingredientes:

Costillas de cerdo (al estilo del campo): 2 libras

Aceite vegetal: 2 cucharadas

Sal: ¼ de cucharadita

Pimienta negra recién molida: ¼ cucharadita

Aceite vegetal: 2 cucharaditas

Chalote (finamente picado): 1

Salsa de chile 1/3 de taza

Conservas de albaricoque 1/3 de taza

Salsa de soja (reducida en sodio: 1 cucharada

Jengibre fresco (rallado: 1 cucharadita

Pimienta chipotle molida: ⅛ cucharadita

Cebollino fresco (picado: Para adornar

Instrucciones:

Comienza por precalentar la freidora de aire ajustando la temperatura a 350°F.

También, precalienta un horno ajustando la temperatura a 200°F.

Unta suavemente las costillas con 2 cucharadas de aceite vegetal. Sazona las costillas con pimienta y sal.

Toma una canasta para freír al aire y coloca la mitad de las costillas en ella. Coloca la cesta en la freidora de aire y cocina durante unos 15 a 20 minutos. Para determinar si las costillas están bien cocinadas, introduce un termómetro de lectura instantánea en la parte más gruesa de las costillas. La temperatura debe ser de 145°F.

Una vez hechas, coger una fuente de horno y transferir las costillas cocidas al horno. Cambia la configuración del horno para mantenerlo caliente. Mientras tanto, cocina las costillas de cerdo restantes siguiendo el procedimiento anterior.

Mientras se cocina la segunda tanda de costillas de cerdo, prepara el glaseado de jengibre. Para ello, coloca una cacerola pequeña a fuego medio. Vierte 2 cucharaditas de aceite vegetal y deja que se caliente. Añade las chalotas finamente picadas y sigue removiendo hasta que se vuelvan rosadas. Esto llevará unos 3 minutos. Añade la conserva de albaricoque, la salsa de chile, el jengibre, la salsa de soja y el chile chipotle. Sigue removiendo. Cocina durante 3-5 minutos.

Saca las costillas de cerdo de la cesta de la freidora y del horno y pásalas a una fuente. Píntalas generosamente con el glaseado de jengibre preparado. Espolvorea el cebollino sobre las costillas y sírvelas calientes.

Nutrición: Proteínas: 16,3 g Hidratos de carbono: 17 g Grasa: 22,9 g

Hamburguesas de cerdo para freír al aire

Tiempo de preparación: 10 minutos

Tiempo de cocción: 10 minutos

Porciones: 4

Ingredientes:

Carne molida (16 onzas: 1 paquete

Cebolla roja: ½ (cortada en dados)

Ajo picado: 1 cucharadita

Sal: 1 cucharadita

Pimienta negra (recién molida: 1 cucharadita

Salsa Worcestershire 1 cucharadita

Mostaza inglesa picante: 1 cucharadita

Instrucciones:

Comienza por precalentar la freidora de aire ajustando la temperatura a 350°F.

En un tazón grande, agrega la carne de res, el ajo picado, la cebolla roja, la salsa de mostaza inglesa, la salsa Worcestershire, la pimienta y la sal. Mezcla bien para combinar. Dividir la mezcla de carne en 4 porciones iguales. Moldear cada porción en una bola y luego hacer una hamburguesa plana con las manos. Repite la operación con las porciones restantes de la mezcla de carne.

Coloca las hamburguesas preparadas en la cesta de la freidora. Cocínalas en la freidora durante 10 minutos.

Nutrición: Proteínas: 19,4 g Hidratos de carbono: 2,2 g Grasa: 13,8 g

Okra (quimbombó) ligera y crujiente

Tiempo de cocción: 10 minutos

Porciones: 4

Ingredientes:

3 tazas de okra, lavada y seca

1 cucharadita de zumo de limón fresco

1 cucharadita de cilantro

3 cucharadas de harina de gramo

2 cucharaditas de chile rojo en polvo

1 cucharadita de polvo de mango seco

1 cucharadita de comino en polvo

Sal marina al gusto

Instrucciones:

Cortar la parte superior del quimbombó y luego hacer un corte horizontal profundo en cada quimbombó y reservar. En un bol, combina la harina de gramo, la sal, el zumo de limón y todas las especias. Añadir un poco de agua en la mezcla de harina de gramo y hacer una masa espesa. Rellena cada quimbombó con la masa y colócalo en la cesta de la freidora. Rocía el quimbombó con spray de cocina. Precalienta la freidora a 350°Fahrenheit durante 5 minutos. Fríe los quimbombó rellenos durante 10 minutos o hasta que estén ligeramente dorados. ¡Sirve y disfruta!

Nutrición: Calorías: 56, Grasa total: 0,8g, Carbohidratos: 9g, Proteínas: 2g

Chiles Rellenos

Tiempo de cocción: 35 minutos

Porciones: 5

Ingredientes:

2 latas de chiles verdes

1 taza de queso Monterey Jack

½ taza de leche

1 lata de salsa de tomate

2 cucharadas de harina de almendra

1 lata de leche evaporada

1 taza de queso cheddar rallado

2 huevos grandes batidos

Instrucciones:

Precalienta la freidora de aire a 350°Fahrenheit. Rocía un plato para hornear con aceite en aerosol. Toma la mitad de los chiles y colócalos en la bandeja para hornear. Espolvorea los chiles con la mitad del queso y cubre con el resto de los chiles. En un tazón mediano, combina la leche, los huevos y la harina y vierte la mezcla sobre los chiles. Fríe al aire durante 25 minutos. Retira los chiles de la freidora y vierte la salsa de tomate sobre ellos y cocínalos durante 10 minutos más. Retíralos de la freidora y cubre con el queso restante.

Nutrición: Calorías: 282, Grasa total: 6,2g, Carbohidratos: 7,4g, Proteínas: 5g

Setas persas

Tiempo de cocción: 20 minutos

Porciones: 3

Ingredientes:

6 champiñones Portobello grandes

3 onzas de mantequilla ablandada

1 taza de queso parmesano rallado

Una pizca de pimienta negra

Una pizca de sal marina

1 cucharada de perejil fresco picado

2 dientes de ajo

2 chalotas grandes

Instrucciones:

Precalienta tu freidora a 390°Fahrenheit. Limpia los champiñones y quíteles los tallos. Corta las chalotas y los dientes de ajo. Ahora, coloca los tallos de los champiñones, el ajo, las chalotas, el perejil y la mantequilla ablandada en una batidora. Coloca los sombreros de los champiñones en la cesta de la freidora. Rellena los sombreros con la mezcla y espolvorea la parte superior con queso parmesano. Cocinar durante 20 minutos. Servir caliente y disfrutar.

Nutrición: Calorías: 278, Grasa total: 9,8g, Carbohidratos: 7,2g, Proteínas: 4,3g

Pollo Cordon Bleu frito al aire

Tiempo de cocción: 45 minutos

Porciones: 4

Ingredientes:

4 pechugas de pollo sin piel y sin hueso

4 lonchas de jamón

4 rebanadas de queso suizo

3 cucharadas de harina de almendra

1 taza de nata para montar

1 cucharadita de granos de caldo de pollo

½ taza de vino blanco seco

5 cucharadas de mantequilla

1 cucharadita de pimentón

Instrucciones:

Precalienta tu freidora de aire a 390°Fahrenheit. Machaca las pechugas de pollo y pon una loncha de jamón y queso suizo en cada pechuga. Dobla los bordes del pollo; cubre el relleno y asegura los bordes con palillos. En un bol, combina la harina y el pimentón. Cubre el pollo con esta mezcla. Poner la freidora para cocinar el pollo durante 15 minutos. En una sartén grande, calentar la mantequilla, el caldo y el vino y reducir el fuego a bajo. Saca el pollo de la freidora de aire y añádelo a la sartén. Deja que los componentes se cocinen a fuego lento durante unos 30 minutos. Servir caliente y disfrutar.

Nutrición: Calorías: 389, Grasa total: 12,7g, Carbohidratos: 9,2g, Proteínas: 32,4g

Fideos con pollo

Tiempo de cocción: 25 minutos

Porciones: 4

Ingredientes:

4 pechugas de pollo

1 cucharadita de romero

1 cucharadita de especias

1 cucharadita de pimienta roja

1 cucharadita de pasta de tomate

1 cucharada de mantequilla

5 tazas de caldo de pollo

Semillas de sésamo para decorar

Para los fideos

2 huevos batidos

½ cucharadita de sal

2 tazas de harina de almendra

Instrucciones:

Precalienta tu freidora de aire a 350°Fahrenheit. Cubre el pollo con 1 cucharada de mantequilla, sal y pimienta. Coloca las pechugas de pollo en la cesta de la freidora de aire y cocina durante 20 minutos. Para los fideos, combina el huevo, la sal y la harina para hacer una masa. Pon la masa en una superficie enharinada, amásala durante unos minutos, luego tápala y déjala reposar durante 30 minutos. Estirar la masa en una superficie enharinada. Cuando la masa sea fina, córtala en tiras finas y deja que se sequen durante una hora. Mientras tanto, saca el pollo de la freidora y apártalo. Hervir el caldo de pollo y añadir los fideos, la pasta de tomate y el pimiento rojo, cocinar durante 5 minutos. Añade las especias y remueve los fideos. Añade sal y pimienta al gusto. Sirve los fideos con el pollo frito y adórnalo con semillas de sésamo. Sirve caliente y disfruta.

Nutrición: Calorías: 387, Grasa total: 12,7g, Carbohidratos: 6,8g, Proteínas: 38,2g

Chuletas de cerdo rellenas de setas y hierbas

Tiempo de cocción: 52 minutos

Porciones: 5

Ingredientes:

5 chuletas de cerdo gruesas

7 champiñones picados

1 pizca de hierbas

1 cucharada de harina de almendra

1 cucharada de zumo de limón

Sal y pimienta negra al gusto

Instrucciones:

Precalienta tu freidora de aire a 325°Fahrenheit. Sazona ambos lados de la carne con sal y pimienta. Coloca las chuletas en la freidora y cocínalas durante 15 minutos a 350°Fahrenheit. Cocina los champiñones durante 3 minutos en una sartén a fuego medio y añade el zumo de limón. Añade la harina y las hierbas a la sartén y remueve. Cocina la mezcla durante 4 minutos y reserva. Corta cinco trozos de papel de aluminio para cada chuleta. En cada trozo de papel de aluminio pon una chuleta en el centro y cúbrela con la mezcla de setas. Ahora, dobla el papel de aluminio con cuidado y séllalo alrededor de la chuleta. Vuelve a colocar las chuletas en la freidora y cocínalas durante 30 minutos más. Servir con ensalada.

Nutrición: Calorías: 389, Grasa total: 14,2g, Carbohidratos: 9,2g, Proteínas: 38,5g

Cordero asado con calabaza

Tiempo de cocción: 33 minutos

Porciones: 2

Ingredientes:

1 costillar de cordero

1 cucharada de mostaza de Dijon

2 onzas de pan rallado de almendras

2 cucharadas de hierbas picadas

Sal y pimienta al gusto

1 cucharada de aceite de oliva

1 onza de queso parmesano rallado

1 calabaza mediana

1 cáscara de limón

Instrucciones:

Precalienta tu freidora a 390°Fahrenheit durante 3 minutos. Seca el cordero con una toalla. Retira la grasa y frota la carne con mostaza. Tritura el pan rallado con las hierbas, el queso parmesano, la ralladura de limón y los condimentos. Sazonar la articulación. Poner la carne en la freidora y asarla durante 15 minutos. Para las cuñas de calabaza, empieza pelando y descorazonando la calabaza; luego úntala con aceite. Sazona la calabaza, úntala con aceite y apártala. Saca la carne de cordero de la freidora de aire y colócala en la fuente de servir. Añade las cuñas de calabaza a la freidora de aire y ásalas durante 15 minutos. Cuando los trozos de calabaza estén hechos, ¡sírvelos con la carne!

Nutrición: Calorías: 386, Grasa total: 13,2g, Carbohidratos: 9,3g, Proteínas: 37,3g

Hígado al curry

Tiempo de cocción: 35 minutos

Porciones: 3

Ingredientes:

Hojas de cilantro

4 gotas de stevia líquida

½ cucharadita de cilantro molido

½ cucharadita de cúrcuma

1 cucharadita de jengibre

1 diente de ajo, picado

1 tomate grande, picado

1 cebolla, cortada en rodajas

½ libra de hígado de ternera

½ cucharadita de Garam Masala

1 cucharadita de comino en polvo

Instrucciones:

En una sartén, freír la cebolla a fuego medio durante 5 minutos. Añadir el ajo y el jengibre rallado y remover. Añade las especias en polvo y fríe durante 3 minutos más. Mientras tanto, sazona el hígado con sal y pimienta. Coloca el hígado en la freidora de aire y cocínalo durante 15 minutos a 350°Fahrenheit. Saca el hígado de la freidora y pásalo a la sartén. Añade el tomate picado, la stevia y un poco de agua, y cocina unos minutos más. Servir y decorar con cilantro.

Nutrición: Calorías: 292, Grasa total: 11,2g, Carbohidratos: 8,2g, Proteínas: 42g

Brochetas de carne picada

Tiempo de cocción: 25 minutos

Porciones: 2

Ingredientes:

½ libra de carne picada

½ cebolla grande picada

1 chile verde mediano

½ cucharadita de chile en polvo

1 diente de ajo picado

1 pizca de jengibre

1 cucharadita de Garam Masala

3 cucharadas de cortezas de cerdo

Instrucciones:

Rallar el jengibre y el ajo. Picar y limpiar el chile. Picar la cebolla. Mezclar el jengibre, el chile y la cebolla con la carne picada. Añadir las especias en polvo. Añadir unas cuantas cortezas de cerdo y sal. Formar la carne de vacuno en forma de salchichas gordas alrededor de brochetas cortas de madera. Deja las brochetas a un lado durante una hora y luego cocínalas en tu freidora de aire precalentada durante 25 minutos a 350°Fahrenheit.

Palometa frita

Tiempo de cocción: 15 minutos

Porciones: 5

Ingredientes:

4 cebollas

3 libras de palometa plateada

Sal y pimienta negra al gusto

2 cucharadas de aceite de oliva

2 cucharaditas de zumo de limón

3 pizcas de comino en polvo

¾ cucharaditas de jengibre

3 pizcas de chile rojo en polvo

1 cucharada de cúrcuma en polvo

1 cucharadita de pasta de ajo

Instrucciones:

Lavar el pescado con agua limpia y sumergirlo en zumo de limón para eliminar cualquier olor desagradable. Después de 30 minutos, saca el pescado y lávalo con agua limpia. Dibuja cortes en forma de diagonal en el pescado. Combinar la pimienta negra, la sal, el zumo de limón, la pasta de ajo y la cúrcuma en polvo. Frota la mezcla por dentro y por fuera del pescado y déjalo en la nevera durante 30 minutos para que absorba el condimento. Añade el pescado a la cesta de la freidora con 2 cucharadas de aceite de oliva y cocínalo durante 12 minutos a 340°Fahrenheit.

Nutrición: Calorías: 278, Grasa total: 8,6g, Carbohidratos: 7,4g, Proteínas: 32g

Lightning Source UK Ltd.
Milton Keynes UK
UKHW021129110521
383520UK00001B/49